# IPSARA,

## Chant dithyrambique,

*Par Casimir Boutereau.*

Parva et inclusa mari, sed genuit Achillem.

PARIS,

TOURNACHON-MOLIN, LIBRAIRE,

RUE SAINT-ANDRÉ-DES-ARTS, N. 45.

1824.

IMPRIMÉ PAR LACHEVARDIERE FILS, SUCCESSEUR DE CELLOT.

# IPSARA.

SE TROUVE AUSSI

Chez PONTHIEU,
DELAUNAY, } au Palais-Royal.
LADVOCAT,
PELICIER, place du Palais-Royal.

IMPRIMÉ PAR LACHEVARDIERE FILS,
successeur de CELLOT, rue du Colombier, n. 3o.

# IPSARA,

## Chant dithyrambique,

*Par Casimir Boutereau.*

Parva et inclusa mari, sed genuit Achillem.

PARIS,

TOURNACHON-MOLIN, LIBRAIRE,

RUE SAINT-ANDRÉ-DES-ARTS, N. 45.

1824.

Sentinelle perdue, jetée devant la côte d'Asie à soixante lieues
du foyer de l'insurrection, Ipsara semble la dernière limite posée
entre la civilisation chrétienne et la barbarie musulmane. Au
milieu de la tourmente politique, ce rocher est, pour les Grecs
de la triste Ionie, comme un phare qui luit aux yeux du navi-
gateur pendant la tempête.

(MÉM. inéd. DU L<sup>T</sup>-COLONEL MAX. RAYBAUD.)

# IPSARA.

Comme un jeune guerrier, que le sort des combats

A placé loin des siens sentinelle perdue,

D'un œil impatient mesure l'étendue

Qui des rangs ennemis sépare encor son bras,


    Au milieu des mers d'Ionie,

Arborant de la croix l'étendard redouté,

Et de ses oppresseurs bravant la tyrannie,

Ipsara s'élevait, espoir de la patrie,

    Et fière de sa liberté.

Aux yeux de l'Europe étonnée

De ses triomphes renaissants,

Elle marchait déjà la tête couronnée

Des lauriers immortels cueillis par ses enfants.

Mitylène, Samos, témoins de leur victoire,

Aux siècles à venir rappelleront sa gloire

Et la honte des Ottomans.


Chio, l'heure de la vengeance

Vient de sonner enfin pour tes lâches vainqueurs.

Qu'ils dorment abusés par des songes trompeurs :

Le héros d'Ipsara s'avance.

Chio, l'heure de la vengeance

Vient de sonner enfin pour tes lâches vainqueurs.


Gonflé de noirs poisons et tressaillant de joie,

Un horrible serpent, endormi sur sa proie,

Reposait, l'entourant de ses plis monstrueux.

Du sommet d'un rocher, jetant un œil avide,

Un aigle l'aperçoit, s'élance impétueux,

Le saisit dans son vol, et d'une aile rapide

    L'entraîne avec lui dans les cieux.


Vainement le reptile, en sa rage impuissante,

Darde un triple aiguillon de sa gueule béante :

Riant de ses efforts, le monarque des airs

L'étouffe, le déchire en sa serre sanglante,

Et jette les lambeaux de sa chair palpitante

    Au vaste sein des mers.


    Plus fier et plus rapide encore

    Que l'oiseau ministre des cieux,

Sur les nombreux vaisseaux du tyran du Bosphore

Quel est donc le guerrier qui s'élance à mes yeux?

C'est lui : c'est Kanaris. De sa poupe légère

J'ai reconnu de loin l'étendard glorieux.

Sous sa barque rapide écume l'onde amère;

Et déjà le brûlot terrible, incendiaire,

    Vomissant la flamme en tous lieux,

A touché le navire, effroyable repaire,

Où le farouche Ali s'endort victorieux.


    De noirs tourbillons de fumée

S'échappent tout-à-coup de ses flancs entr'ouverts;

    Et bientôt la masse enflammée

En colonne de feu s'élève dans les airs.

    La peur a gagné l'équipage.

    Le visir écumant de rage,

Infâme déserteur, a quitté son vaisseau;

En fuyant il trouve sa perte,

Et la mer au loin est couverte

Des restes embrasés des vainqueurs de Chio.


Au bruit de ce revers, transporté de furie,

Le Sultan se réveille, il frémit, il s'écrie :

« Aux armes, fils d'Othman ! vengez-moi, vengez-vous ;

« Des sommets d'Ipsara que la croix disparaisse,

    « Et que les enfants de la Grèce,

« Comme de vils troupeaux, expirent sous vos coups.


« Partez ; humiliez un ennemi superbe :

« Que Koreb, arborant mes drapeaux redoutés,

    « Le foule à ses pieds comme l'herbe

    « Qui croît dans leurs champs dévastés. »

Il dit : tels que l'éclair rapide

Qui, dans l'ombre des nuits, apparaît à nos yeux,

Chargés d'une troupe homicide,

Les vaisseaux ottomans, sur la plaine liquide,

Ont signalé les bords de ce roc orgueilleux

Où, parmi les chants de victoire,

Parmi les flots d'encens qui fument sur l'autel,

Kanaris, chaque jour, va déposer sa gloire

Aux pieds de l'Éternel.


Mais pourquoi des cris d'allégresse

Troublent-ils le calme des mers?

Du farouche Osmanlis qui peut causer l'ivresse?

N'a-t-il plus de combats à braver? et la Grèce

A-t-elle enfin repris ses fers?

Ipsara, crains la perfidie

De tes cruels persécuteurs.

Il est parmi les tiens une tête ennemie :

Un traître pour de l'or a vendu tes malheurs.

Ipsara, crains la perfidie

De tes cruels persécuteurs.


Déjà, tels que le tigre à la dent inhumaine,

Qui sur un daim tremblant se jette impétueux,

Des soldats du Sultan les bataillons nombreux

S'élancent sur la plage emportés par la haine.

Devant eux s'enfuit en pleurant

De femmes, de vieillards une troupe incertaine.

Une mère, ô douleur ! porte son fils mourant ;

Auprès d'elle, un timide enfant

Soutient son faible aïeul, qui se traîne avec peine.

Tous, sans guide, errants au hasard,

Sur leurs toits dévastés, qui fument dans la plaine,
Jettent, en soupirant, un triste et long regard.


Mais que vois-je? Cotta vient de livrer les portes,
Le funeste croissant y remplace la croix;
Et de Koreb vainqueur les nombreuses cohortes
S'y précipitent à sa voix.


Partout quel horrible carnage
Signale leurs pas destructeurs!
Femmes, enfants, vierges en pleurs,
Tout subit la mort ou l'outrage.


En vain, dans leurs postes surpris,
Les braves un moment cherchent à se défendre.

La valeur ne peut rien contre tant d'ennemis :

Ils tombent ; et la ville en cendre

N'offre bientôt que des débris.


Kanaris toutefois, se frayant un passage,

Avec quelques amis a gagné le rivage.

Intrépides guerriers, montez sur vos vaisseaux :

Ipsara peut encor sortir de sa ruine.

Fuyez : c'est en fuyant que jadis un héros

Sauva la Grèce à Salamine.


Comme des vastes mers, quand Neptune en fureur

D'un coup de son trident trouble la profondeur,

Un roc battu par la tempête

Sur la vague écumante élève encor sa tête :

Telle, dans Ipsara, dans ses remparts croulants,

Asile des Chrétiens, une sainte chapelle,

S'élève, et voit de l'infidèle

Expirer à ses pieds les efforts impuissants.


Étonné de la résistance,

Cotta s'avance furieux.

Le Musulman le suit; sur les murs il s'élance.

Les Chrétiens sont vaincus... Silence !...

La croix s'élève dans les cieux.


La terre agite ses entrailles.

Le superbe Ottoman s'arrête épouvanté

Immobile sur les murailles.....

Entendez-vous ce cri : VIVE LA LIBERTÉ !

Musulmans et Chrétiens, à ce cri redouté,

Trouvent les mêmes funérailles

Sous les débris fumants du temple ensanglanté ;

Et l'écho, du fond de l'abîme,

Répète encor ce cri sublime,

Ce cri : Vive la liberté !...

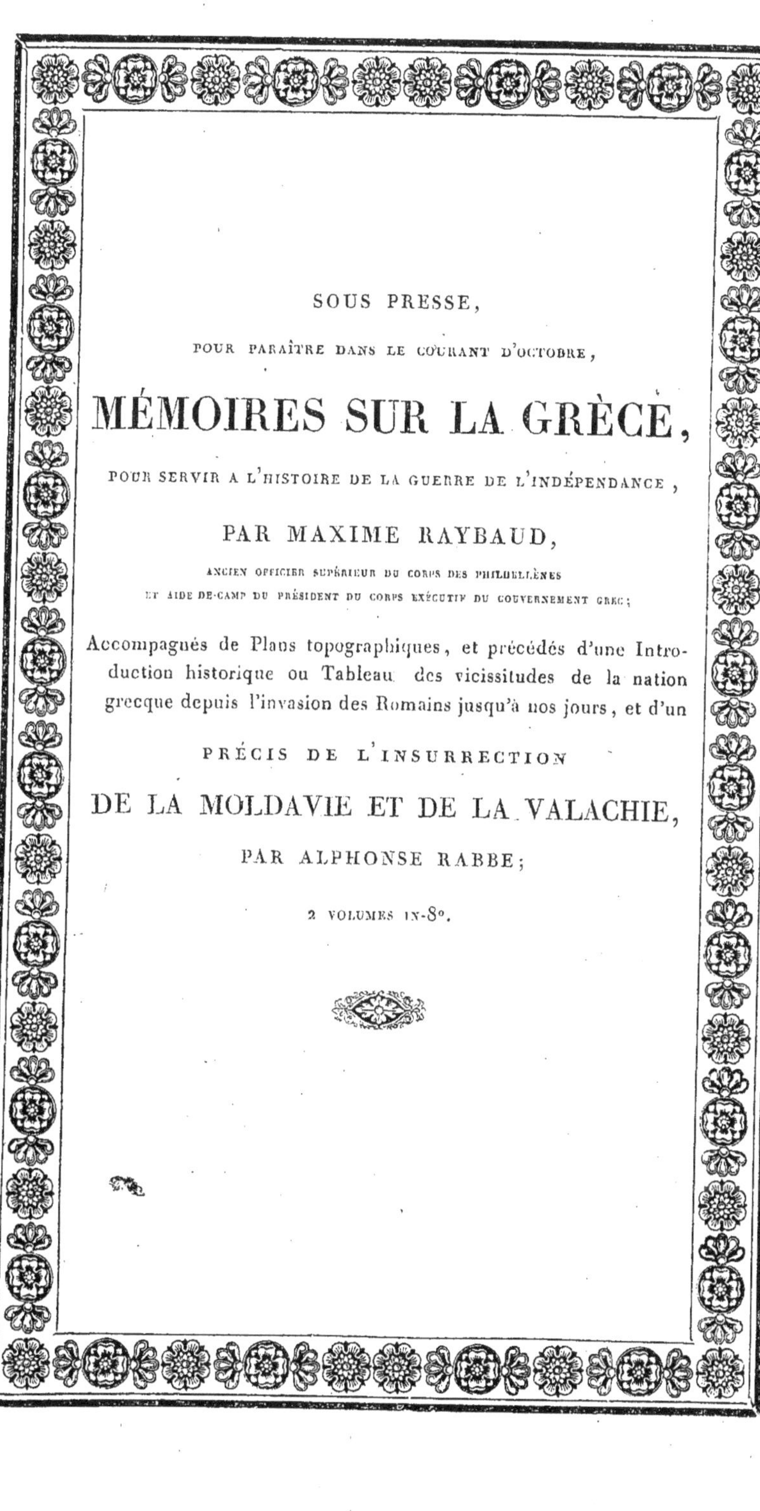



# MÉMOIRES SUR LA GRÈCE,

POUR SERVIR A L'HISTOIRE DE LA GUERRE DE L'INDÉPENDANCE,

## PAR MAXIME RAYBAUD,

ANCIEN OFFICIER SUPÉRIEUR DU CORPS DES PHILHELLÈNES
ET AIDE-DE-CAMP DU PRÉSIDENT DU CORPS EXÉCUTIF DU GOUVERNEMENT GREC;

Accompagnés de Plans topographiques, et précédés d'une Intro-
duction historique ou Tableau des vicissitudes de la nation
grecque depuis l'invasion des Romains jusqu'à nos jours, et d'un

### PRÉCIS DE L'INSURRECTION

## DE LA MOLDAVIE ET DE LA VALACHIE,

### PAR ALPHONSE RABBE;

2 VOLUMES IN-8°.